AF565364
Deutschland
München
Kempten
Salzburg
Österreich
Wien
Garmisch-Partenkirchen
Innsbruck
Tirol
Graz
Ötzi-Fundstelle
Brixen
Meran
Bozen
Südtirol
Klagenfurt
Trient
Italien
MITTEL-
MEER

Silke Vry · Marie Geissler

DUSTY DIGGERS

Der cool tätowierte Jäger aus der Steinzeit

Das Geheimnis von Ötzi

Diesmal wird es eisig. Und gleichzeitig heiß.
Das klingt verrückt? Ja, das ist es auch:
Diesmal begeben sich die Dusty Diggers in die Welt der Gletscher*, und so kommen sie der Vergangenheit nicht »dusty«, sondern eisig auf die Spur.

Als vor über 30 Jahren an einem heißen Sommertag eine gefrorene Mumie* ihren Oberkörper aus dem schmelzenden Gletscher streckte, bekamen Erika und Helmut einen riesigen Schrecken. Kein Wunder! Eigentlich wollten die beiden doch nur durch die Südtiroler* Bergwelt wandern – und dann lag plötzlich diese tote Person vor ihnen.

Wie lange der Tote da schon im Eis steckte, ahnte zunächst niemand. 10 Jahre? 100 Jahre? Der Leichenwagen stand schon bereit, als ein Archäologe* – im letzten Moment – dessen Alter feststellte: mehr als 5000 Jahre! Deshalb liegt Ötzi heute nicht unter der Erde, sondern im Museum. Zum Glück! Und weil er inzwischen die am besten erforschte Mumie der Welt ist und die Wissenschaftler und Wissenschaftlerinnen ihm weiter auf den Zahn fühlen, erzählt er immer wieder Neues aus der Vergangenheit. Ja, und manchmal hat der cool tätowierte* Ötzi sogar gute Tipps für unsere Zukunft parat. Auch davon erzählt der 5. Band der Icy, ach nein, der Dusty Diggers.

So, es kann los gehen!

Die Finder

Donnerstag, 19. September 1991 – etwa 13:30 Uhr, Ötztaler Alpen/beim sogenannten Tisenjoch

Was für eine Hitze, denkt Erika, während sie sich den Schweiß von der Stirn wischt. Wenige Schritte hinter ihr ächzt Helmut, ihr Mann. Vielleicht war es nicht die allerbeste Idee, zur Mittagszeit vom Berggipfel, der Fineilspitze, zur Similaunhütte zurückzuwandern. Den gigantischen Ausblick aus 3500 Metern Höhe haben die beiden zwar genossen, aber jetzt müssen sie wieder ins Tal. Das bedeutet: 550 Meter Höhenunterschied und zwei Stunden Wanderung auf holprigem Grund.

Erika und Helmut kommen aus Nürnberg. Fast jeden Urlaub spazieren sie irgendwo durch die Bergwelt. Sie sind geübte Wanderer, haben kräftige Waden und kraxeln schon zum vierten Mal durch die Ötztaler Alpen. Die Landschaft genau an der Grenze zwischen Italien und Österreich hat es ihnen besonders angetan. Hier können sie stundenlang durch schneebedeckte Gletscherlandschaften laufen, ohne andere Menschen zu treffen. Und weil dieser Teil Italiens zu Südtirol gehört, verstehen und sprechen hier fast alle Leute deutsch.
»Erika, Schatz«, ruft Helmut seiner Frau zu. »Lass uns eine

Abkürzung nehmen. Sieh mal, wenn wir hier vom Weg abbiegen und direkt auf das Steinmandl dort zulaufen, dann müssten wir auch zur Similaunhütte kommen. Viel schneller.« Und dabei zeigt er auf ein aus Steinen zusammengesetztes Steinmännchen.
Erika nickt und ruft: »Ok! So machen wir's.«

Sie ahnt, dass sich ihr Helmut nach einem eisgekühlten Getränk sehnt. Ihr geht es auch so.

Also verlassen sie den offiziellen Weg und überqueren das vor ihnen liegende Schneefeld. Auch die Gletscher und der Schnee »leiden« unter der Hitze. Das bemerken Erika und Helmut allein schon daran, dass sich direkt am Schneefeld eine Fläche aus Schmelzwasser gebildet hat.
Sie umrunden den kleinen See, um sich keine nassen Füße zu holen.

Helmut lässt seinen Blick über die Wasserfläche schweifen. Er kneift die Augen zusammen, um genauer sehen zu können und ruft seiner Frau zu:
»Erika, sieh doch mal. Da liegt etwas im Wasser. Sieht aus wie Abfall. Wer, zum Teufel, entsorgt hier oben seinen Müll? Ach ne, sieht aus wie eine Puppe, Erika, ist das möglich? Wie eine riesige alte Puppe!«
Aber welches Kind geht hier oben wandern und nimmt seine größte Puppe mit, schießt es Helmut im selben Moment durch den Kopf. Und während er auf die Frage keine Antwort findet, ruft ihm Erika mit zitternder Stimme zu:

»Das ist keine Puppe, Helmut, das ist ein Mensch!«

Und tatsächlich: Aus dem geschmolzenen Gletschereis ragt der obere Teil einer Leiche. Sie hat die Farbe von braunem Leder. Erika und Helmut stehen wie angewurzelt da und blicken auf das seltsame Etwas, nur wenige Meter von ihnen entfernt. Ganz deutlich erkennen sie menschliche Schultern und einen Teil des Rückens. Besonders auffallend ist der hervorstehende runde Hinterkopf, der merkwürdig kahlgeschoren wirkt und in der Sonne glänzt. Mit dem Gesicht liegt der Kopf im Wasser und auf dem Scheitel prangt eine Verletzung.
Den beiden läuft es eiskalt den Rücken herunter.

»Bestimmt eine Skiläuferin. Ist sicher hier verunglückt. Die Arme.«

Erika bekommt nur ein Flüstern über die Lippen, so sehr entsetzt sie der Anblick. Sie glaubt fest, dass die schmale Person eine Frau ist. Und für einen Unfall mit Skiern spricht ein Skiclip, wie Sportler ihn zum Zusammenbinden ihrer Skier verwenden. Solch ein Gummiband entdecken die beiden ganz in der Nähe.

»Und was ist das hier?«, ruft Helmut und hebt einen seltsamen Gegenstand auf. Er liegt in der Nähe des Kopfs, ist röhrenförmig und flach zusammengedrückt.

»Das ist aus Birkenrinde*«, erkennt Erika.

Gemeinsam grübeln sie, doch lösen können sie das Rätsel nicht, und so legt Helmut das komische Ding wieder zurück. Sie prägen sich den Fundort* der Leiche so genau wie möglich ein. Dann zückt Helmut seine Kamera.

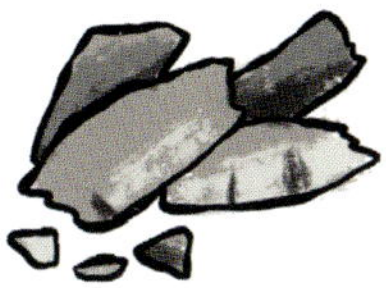

Erika klingt empört. Aber Helmut knipst drauflos und ist froh, dass gerade noch ein letztes Bild auf dem Film in seiner Kamera ist.

Dann hält die beiden nichts mehr an diesem mysteriösen Ort, und aufgeregt setzen sie ihren Weg fort.

Nach etwa einer Stunde erreichen sie die Similaunhütte.

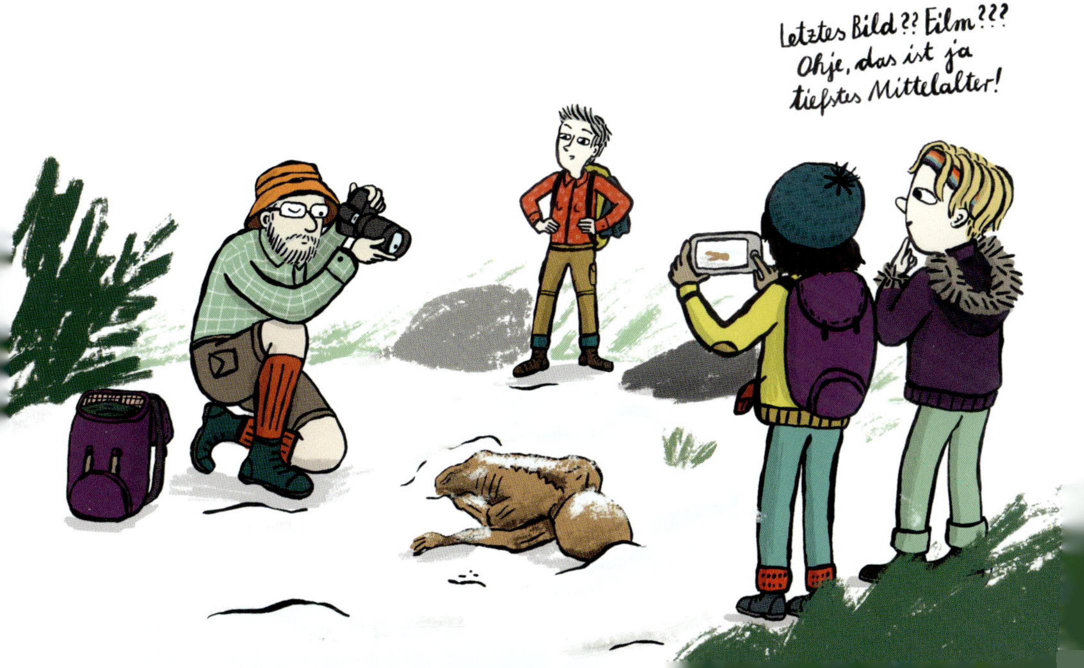

Letztes Bild?? Film???
Ohje, das ist ja
tiefstes Mittelalter!

Rettungsteam: Bereitmachen zur »Berg«ung.

»Herr Pirpamer, da oben liegt eine Leiche!«,

rufen sie dem Hüttenwirt entgegen und zeigen in nordöstliche Richtung. Markus Pirpamer hört sich in Ruhe an, was ihm das Ehepaar zu berichten hat. Er fragt sich, ob in den letzten Tagen jemand als vermisst gemeldet wurde.
»Nein«, denkt er, »davon hätte ich gehört.«
Dass es in den Bergen immer wieder Verunglückte gibt, weiß er aus Erfahrung. Und wo ein Toter ist, könnten noch mehr Leichen oder auch Verletzte sein. Er ist nicht nur Wirt, sondern auch Bergretter*. Und als solcher ist er zuständig, wenn jemand rund um seine Hütte in Gefahr gerät und Hilfe braucht. Also zögert er keine Sekunde, lässt sich ganz genau den Fundort beschreiben, packt seine Siebensachen, und gemeinsam mit seinem Küchengehilfen Blas macht er sich auf den Weg – bergauf in Richtung Nordosten.

Vorher aber ruft er noch bei der italienischen und der österreichischen Polizei an. Sollen die selbst entscheiden, wer zuständig ist. Hier – genau im Grenzgebiet zwischen beiden Ländern – ist das nicht immer so leicht zu sagen. »Ein Hubschrauber kommt, die Frage ist nur, wann«, so erfährt Markus. Dass Erika und Helmut es eigentlich eilig haben? Das haben sie längst vergessen.
Erst einmal erfrischen sie sich mit einem kühlen Getränk und wandern dann zurück ins Tal.

Der »Tatort«

Das wird ein eisiges
Spurenlesen.

Markus und Blas müssen beim Tisenjoch nicht lange suchen, bis sie die Leiche finden.
Die beiden Männer scheuen nicht davor zurück, sie anzufassen und sogar ein kleines Stück anzuheben.

»Fühlt sich seltsam an!«

Befreien können sie die Leiche nicht – sie ist untenrum gefroren und steckt zu tief im Eis fest. Genauso wie ein langes Holzstück, das ein bisschen entfernt aus dem Eis ragt. Sie rütteln ein wenig daran, aber es bewegt sich keinen Millimeter.

»Die liegt hier sicher nicht erst seit gestern«, meint Blas. »Mensch, da war doch mal was«, fällt Markus ein, »ziemlich lange her, ungefähr 40 Jahre. Capsoni hieß der, war Komponist. Ist hier verschwunden und dann nie wieder aufgetaucht. Ob das seine Leiche ist?«

Auf der Haut am Rücken des Toten entdecken die Männer mehrere schwarze Striche. So etwas haben sie noch nie gesehen.

»Sind das Brandmale?«

Sie blicken sich um und finden etwa 5 Meter südlich mehrere Gegenstände. Sie liegen etwas erhöht an einer Stelle, die die Felsmulde zum Tal hin begrenzt: ein Bell, gebogene Hölzer und Bretter, Schnüre und Fellreste. Sie nehmen alles in die Hand, betrachten es genau und legen es wieder zurück. Sehr seltsam, was dieser Komponist alles dabeihatte. Das Holz erklären sie sich so: »Der war wohl mit Skiern unterwegs. Oder mit einem Rodelschlitten …«

Lange bleiben die Männer nicht. Nach einer halben Stunde verlassen sie den Ort wieder und kehren zur Similaunhütte zurück.

Na hoffentlich kommt die Polizei der Lösung des Eisrätsels endlich mal näher.

Die Polizei

Freitag, 20. September 1991

Gegen 13 Uhr nähert sich ein Hubschrauber dem Tisenjoch. Markus steht schon da und winkt eifrig. Die österreichische Polizei hatte ihn angerufen und darum gebeten. Sonst könnte der Hubschrauberpilot die abgelegene Stelle in den Bergen glatt übersehen.

An Bord des Helikopters befindet sich Gendarm* Anton Koler aus Vent. Wieso ein österreichischer und nicht etwa ein italienischer Polizist hierherkommt, um einer Leiche in die Augenhöhlen zu blicken und sich dabei kalte Füße zu holen? Ganz einfach: Nach dem gestrigen Telefonat mit den Polizisten beider Länder hatte der italienische Carabiniere* abgewinkt und zu Markus gesagt:

»Lass das mal die Österreicher machen.«

Also schaut sich Anton die Leiche an und erklärt:
»Wenn das der verschollene Komponist ist, dann muss der jetzt geborgen werden. Also raus aus dem Eis mit ihm. Dann muss er identifiziert werden und es muss geklärt werden, wie er gestorben ist. Das ganze Pipapo. Der kommt jetzt erst einmal nach Sölden zum Doc, der stellt dann den Totenschein* aus, wie sich das gehört. Dann kann der Komponist ganz schnell unter die Erde. Also los … Zum Glück hab ich den Schremmhammer dabei«, und er zeigt auf das Gerät in seinen Händen. Es wird mit Gas betrieben und bringt mithilfe von Pressluft* einen vorne befestigten Meißel zum Vibrieren.
»Und eine Gasflasche hab ich auch.«

Dass schwere Maschinen im Helikopter transportiert werden, ist nicht selbstverständlich. In den Bergen, wo die Luft dünn ist, müssen Piloten sehr vorsichtig sein. Ein Hubschrauber muss mit so wenig Ballast wie möglich fliegen. Deshalb hat Anton auch nur eine einzige Gasflasche dabei. Nicht etwa zwei oder drei …
Und so beginnen Markus und der Gendarm damit, den Toten aus dem Eis zu hämmern. Nach einer Weile gelingt es den Männern, den Oberkörper der Leiche freizubekommen. Gemeinsam ziehen sie an dem Toten, als wollten sie einen Baum samt Wurzeln ausreißen. Markus zerrt so stark an seinem Arm, dass Anton es mit der Angst bekommt:

»Pass bloß auf, dass der nicht abbricht!«

Aber so viel sie auch ziehen, zerren, reißen und fluchen: Nichts zu machen, die Leiche steckt fest.
Also muss der Pressluftmeißel wieder ran. Das Blöde dabei: Unentwegt fließt Schmelzwasser nach. Das bedeutet, dass der Meißel unter Wasser arbeiten muss. Das ist unpraktisch. Das ist vor allem alles andere als Feinarbeit! Immer wieder rutscht ihnen die Maschine ab, die schwer und unhandlich ist. Einmal landet sie in der Hüfte der Leiche und hinterlässt dort ihre Spuren.

»Der hat dir doch nichts getan!«,

ruft Anton entsetzt, der die Leiche gerne in einem Stück mit ins Tal nehmen würde.
Die Männer arbeiten so konzentriert, dass sie gar nicht merken, wie das Wetter umschlägt: Von Süden her zieht Nebel auf. Kaum hat der Pressluftmeißel eine halbe Stunde seine Arbeit getan, ist plötzlich das Gas alle.
»Und jetzt?«, fragen sich die Männer und fluchen lautstark vor sich hin. Sie sind noch lange nicht fertig! Sie versuchen, den Körper mit bloßen Händen zu befreien. Doch ohne Erfolg.

Inzwischen hat sich das Wetter weiter verschlechtert. Ihnen bleibt nichts anderes übrig: Sie müssen ihre Aktion für heute beenden. Sie bedecken die kaputte Hüfte des Toten mit etwas Schnee.
Anton macht ein paar Fotos von der Leiche und wie sie jetzt daliegt, nachdem sie eine halbe Stunde daran gewerkelt haben. Stochert hier, blickt dort, schaut sich auch noch einmal die Stelle mit den anderen Fundstücken 5 Meter südlich an. Das Beil hat es ihm besonders angetan. Damit es auf dem Foto gut erkennbar ist, rückt er es »ein wenig« zurecht.

»So ist es vor dem dunklen Hintergrund besser zu sehen«,

findet er.

Und während er es genau betrachtet, fragt er sich: »Was wollte der Komponist denn mit einem Beil? Das werden wir mal klären. Das kommt mit.«
Und schnell machen sie sich auf den Weg, bevor ihnen das Wetter das unmöglich macht. Markus kehrt zu Fuß zu seiner Hütte zurück.

Ein Beil sorgt für Aufregung

Der Helikopter-Pilot legt auf seinem Weg nach Innsbruck* einen Zwischenstopp in Vent ein. Hier muss Anton raus. Schnurstracks eilt er mit dem Beil zu seinem Kollegen Sieghart Schöpf. Der staunt:

»Das bringe ich mal lieber nach Sölden, sicher ist sicher. Die Gendarmerie dort hat doch einen Luftschutzkeller*. Schließlich ist das ja jetzt Staatseigentum*!«

Und genauso geschieht es. Kaum hat er das Beil den Kollegen in Sölden ausgehändigt, fängt es in seinem Kopf gewaltig an zu arbeiten: Was hat Anton nicht alles erwähnt im Zusammenhang mit der Leiche? Brandmale. Eine Kopfwunde. Dazu jetzt noch das seltsame Beil.
»Hier geht irgendetwas nicht mit rechten Dingen zu!«, findet er. Und so ruft er den zuständigen Staatsanwalt* beim Landgericht* Innsbruck an. Dem berichtet er von der Leiche und beschreibt so genau wie möglich, was er über sie weiß. Der Staatsanwalt wittert sofort ein Verbrechen:

»Klarer Fall: Das muss strafrechtlich verfolgt* werden! Täter unbekannt? Wir ermitteln trotzdem.«

Und er ordnet an, sowohl Leiche als auch Gegenstände umgehend an die Universität Innsbruck, ins Institut für Gerichtsmedizin*, zu bringen.
»Umgehend« bedeutet »sofort«. Das klappt … nicht so ganz: Vereinbart wird schließlich ein Hubschrauber-Termin für Montag, also drei Tage später.
Dass zur selben Zeit der Sargtischler Klocker vergeblich auf eine Leiche wartet, um sie von Vent nach Innsbruck zu fahren? Dass er dafür einen extra angefertigten Fichtensarg mit Palmwedelverzierung dabeihat? Das interessiert in diesem Moment niemanden.

Bis dahin ist die Leiche doch längst erfroren.

Noch mehr Leute am Fundort ... (21. September)

Längst hat sich der Fund herumgesprochen. Die Leiche ist DAS Gespräch – auf der Hütte, im Dorf. Sogar in der Zeitung stand schon was. Mit der Ruhe* der Leiche ist es damit vorbei. Markus und Blas machen sich noch einmal auf den Weg zur Fundstelle. Da der Abtransport erst am Montag erfolgen wird, wollen sie die Leiche vor neugierigen Wochenendtouristen schützen. Dazu haben sie einen großen Müllbeutel dabei. Den schneiden sie auf und hüllen die Leiche – so gut es geht – darin ein. Damit sie schön kühl bleibt, decken sie anschließend alles mit Schnee und Eis zu.

Dann kommt ein berühmter Mann vorbei, der Extrem-Bergsteiger Reinhold Messner. Markus hat ihm von dem Fund erzählt. Jetzt will er den Toten mit eigenen Augen sehen. Im Schlepptau hat er mehrere Freunde und Bekannte.

Erst hockt er sich vor das verhüllte Etwas und zieht die Plane zur Seite. Dann hacken und kratzen alle rund um die Leiche im Eis herum. Schon bald können sie durch das Schmelzwasser erkennen, dass der Tote offenbar Hosen trug. Überall liegen Lederfetzen herum. Und sie finden weitere Teile der Kleidung – Bänder und Felle. Einer greift ins kalte Wasser und zupft Leder von einem der Schuhe ab, die mit Stroh gefüllt sind. Ein anderer nimmt ein herumliegendes Stück Holz zu Hilfe, um damit im Eis zu stochern. Dass das dem Toten gehörte und dass es steinalt sein könnte? Das kratzt ihn gar nicht. Die einzige Frau aus der Gruppe interessiert sich mehr für die herumliegenden Birkenrindenstückchen. Die nehme ich mit, denkt sie und steckt sie ein.

Ohne Worte! Schlimmer als Ladendiebstahl!

Nach etwa einer Stunde stellen sie fest, dass sie die Leiche nicht aus dem Eis befreien können. Also beenden sie ihre »Schatzsuche«, decken sie wieder zu und gehen zurück zur Hütte.

Inzwischen hat die Polizei herausgefunden, dass es sich bei dem Toten nicht um den Komponisten handeln kann. In einer Aktennotiz hat jemand einen Hinweis auf sein Grab gefunden. Und das befindet sich nicht im ewigen Eis, sondern unten im Tal auf einem Friedhof.
Noch am selben Tag erklärt Messner einem Mann von der Zeitung:

»Der Eismann ist 3000 Jahre alt, mindestens!«

Das will ihm zwar erst einmal niemand glauben, aber für Aufsehen sorgt die Bemerkung trotzdem.

Am nächsten Morgen, es ist Sonntag, macht sich Alois Pirpamer, Markus' Vater, auf den Weg zur Leiche. Mit einem Kumpel will er den Toten für den Abtransport fertig machen. Als Bergretter fühlt sich Alois – genau wie sein Sohn – verantwortlich für alles, was hier oben passiert.

Mit vereinten Kräften machen sich die beiden Männer an die Arbeit, und nach zwei Stunden haben sie die Leiche tatsächlich fast vollständig aus dem Eis gekratzt.

»Blöd nur«, findet Alois, »dass die rechte Hand noch immer feststeckt!«

Mit der einen Hand im Eis lassen sie den Toten liegen und decken ihn wieder mit der Plastiktüte zu. In eine weitere Mülltüte schmeißt Alois all das, was unter und neben der Leiche aus dem Eis aufgetaucht ist: Holzstücke, Fell und Schnüre. »Das kann ich vielleicht noch gebrauchen«, sagt er sich und nimmt den Beutel mit ins Tal in sein Hotel.

Das Bergungsteam

Na, wenns jetzt nicht »Berg« auf geht.

Am Montag, den 23. September, ist es so weit. Ein Hubschrauber landet an der Fundstelle. Aber, nanu? Es klettert nicht etwa ein Gendarm heraus, sondern ein ganzes Fernsehteam: Fünf Männer mit Kameras und Fernsehausrüstung stehen plötzlich im Schnee und sehen sich suchend um.

»Wo ist denn der Tote?«,

fragen sie. Entdecken können sie ihn nicht, so gut liegt er unter Mülltüte und Schnee verborgen.
Kurz darauf landet auch der Hubschrauber des österreichischen Innenministeriums an der Fundstelle. Darin sitzen – außer dem Piloten – zwei Männer. Der eine ist Professor Rainer Henn. Er ist Gerichtsmediziner aus Innsbruck. Als Gerichtsmediziner muss er herausfinden, woran jemand gestorben ist – immer dann, wenn das nicht ganz klar ist. Wenn vielleicht ein Verbrechen geschehen ist. Gletscherleichen* haben schon oft auf seinem Untersuchungstisch gelegen. Er ist also ein Spezialist für Tote aus dem Eis.
Den Professor begleitet der Gendarm Christian Gruber.
Die Bergung der toten Person wird schnell gehen:

Einpacken und losfliegen – so stellen sich die beiden das zumindest vor.
Als Rainer die Männer mit ihren Kameras sieht, ist er überrascht: »Was wollen die denn hier?«
Von den vielen Leuten, die schon in den letzten Tagen am Fundort waren, lässt sich heute allerdings keiner blicken. Das ist schlecht. Deshalb bekommt Rainer überhaupt keine Informationen. Er erfährt nichts von den vielen Funden, die schon gemacht wurden, von dem außergewöhnlichen Beil zum Beispiel. Er ahnt auch nicht, dass der Müllbeutel von Markus stammt.
Was er sieht, ist das: Eine Leiche unter einem Plastiksack … und allein deshalb kommt ihm die Leiche modern vor.
Der Professor entfernt die Folie von der toten Person und bekommt bei deren Anblick einen Schrecken:
Es hieß doch, die Leiche sei aus dem Eis befreit! Deshalb ist im Hubschrauber diesmal überhaupt kein Werkzeug. In der Nacht aber ist Schnee gefallen und hat das Schmelzwasser wieder zu Eis erstarren lassen. Jetzt steckt die Leiche wieder fest. Was nun? Zum Glück kommt ein Bergsteiger vorbei und überlässt dem Professor seinen Eispickel*.
Und er selbst hackt mit seinem Skistock auch eifrig drauflos.

Gemeinsam stechen und stochern die drei Männer im Eis herum, zerren hier, ziehen da, reißen am Arm und an den Beinen. Doch dann ist es so weit, endlich ist die Leiche aus dem Eis befreit. Wie eine Trophäe hält der Professor sie in die Kamera. Dabei merkt er verwundert:

»Wie leicht sie ist!«

Er notiert:

»Zähne stark abgeschliffen, Körper teilweise mumifiziert, hat keine Kleider mehr an ...«

Ob es sich bei der toten Person um einen Mann oder eine Frau handelt? Schwer zu sagen: Einen Penis* kann er auf jeden Fall nicht entdecken.

Da, wo er die Leiche aus dem Eis gezogen hat, stochert er weiter im Schmelzwasser herum. Dabei findet er so einiges – Leder- und Fellfetzen, Schnüre, Riemen, Heubüschel und kleine Utensilien, außerdem noch einen Dolch mit Holzgriff und einer Klinge aus Feuerstein*. Das alles schmeißt er auf einen Haufen.

»Das soll ja schließlich auch mit.«

Die Männer packen also den Toten, zusammen mit all seinen Besitztümern, in den Leichensack. Weil das lange Holzstück für den Sack zu lang ist, brechen sie es einmal – knack – in der Mitte durch.

Dann hängen sie den Sack unten an den Helikopter. Und da der Inhalt bereits unangenehm zu riechen beginnt, verschließen sie ihn nicht ganz luftdicht. So bekommt die Leiche während des Flugs etwas frische Höhenluft um die Nase geweht.

Die Arbeit der Männer ist damit erledigt. Und auch die des Filmteams – ihr Film ist im Kasten. Alle klettern in die Helikopter und fliegen dahin zurück, wo sie hergekommen sind.
Genau 73 Minuten verbringen Rainer und seine Leute an der Fundstelle. In etwas mehr als einer Stunde zieht der Professor die Leiche aus dem Eis, macht weitere Funde, knipst ein paar Fotos und verpackt seinen »Schatz«.

»Ohne das Eisgehacke wäre das sogar noch schneller gegangen!«

Kaum ist er wieder in der Luft und lässt seinen Blick über die Bergwelt schweifen, schießt dem Gerichtsmediziner doch noch ein weitsichtiger Gedanke durch den Kopf: »Könnte es sein, dass ich für den gar nicht zuständig bin?

Der ist ja mehr Mumie als Leiche.

Auf jeden Fall viel älter als gedacht. Vielleicht sollte sich den armen Kerl lieber einmal jemand ansehen, der sich mit Mumien auskennt.«
In Vent, wo der Helikopter landet, steht wieder Bestatter Klocker bereit.

Diesmal bekommt er seine Leiche. Als er versucht, sie in den Sarg zu legen, stellt er fest: Der abstehende Arm ist im Weg. Er biegt ihn, bis es laut und deutlich »kracks« macht.

73 Minuten für eine archäologische »Grabung«? Das ist ja kürzer als ein Spielfilm.

»Ups«, sagt er. Gleichzeitig ist er froh, dass der Tote jetzt in die Kiste passt.

Bevor der Leichenwagen startet, wird noch schnell Alois Pirpamers Müllbeutel aus dem Hotel Post geholt. Die Sachen daraus kommen direkt in den Sarg zur Leiche. Die sollen sich die Gerichtsmediziner in Innsbruck nämlich auch ansehen, von wegen Blutspuren und anderer wichtiger Hinweise … Jetzt fehlt nur noch das Beil.

Um das zu holen, legt Klocker mit seinem Leichenwagen noch einen kurzen Halt in Sölden ein, bei den Gendarmen mit dem Luftschutzkeller. Als alles zusammen ist, wird der Sarg verschraubt und der Wagen fährt nun ohne Halt durch bis Innsbruck.

Dort kommt die Leiche noch am selben Nachmittag auf den Untersuchungstisch des Oberarztes Unterdorfer. Außer ihm stehen da noch mehr wichtige Männer: ein Staatsanwalt und ein Untersuchungsrichter. Nach einer Weile klopft es an der Tür: So schnell er konnte, ist auch Professor Henn herbeigeeilt.
Gemeinsam betrachten die vier Männer den Toten ganz genau und von allen Seiten. Sie sind überzeugt:
Die Leiche ist alt. Wie alt genau? Schwer zu sagen.
Der Arzt beschreibt erst einmal, was er sieht, und dokumentiert*:

»... hochgradig mumifiziert, ockerfarben bis bräunlich-schwarz, keine Behaarung, keine Nägel, ziemlich leicht, ca. 153 Zentimeter lang, vertrocknete Augäpfel erkennbar, Geschlechtsteile – offenbar männlich – vertrocknet, graue Hautverfärbungen im unteren Rückenbereich,

die Striche haben eine Länge von ca. 2,8 bis 3,0 Zentimetern und eine Breite von 2 und 3 Millimetern ...«

Die Männer grübeln, was mit der Leiche geschehen soll. Verstorbene gehören doch nun mal unter die Erde. Oder als Asche ins Meer. Auf jeden Fall hat jeder Tote seine Ruhe verdient.

Aber braucht dieser Tote vielleicht eine »Sonderbehandlung«? Die Meinungen gehen in diesen Tagen bei allen, die über den »Mann aus dem Eis« diskutieren, wild durcheinander. So auch bei den vier Männern:

»Muss man ihn nicht beerdigen? Und dann für immer ruhen lassen?«
»Verbuddeln? Auf keinen Fall!«
»Konservieren* müssen wir ihn, haltbar machen!«
»Oder verbrennen?«
»Wir müssen ihn ausstellen!«
»Er ist ein Denkmal. Er gehört allen.«
»Ewige Ruhe? Die kann er doch kriegen – im Museum!«
Rainer fordert:

»Der Tote braucht jetzt endlich seinen Archäologen!«

Der Staatsanwalt ist ganz seiner Meinung. Er findet auch, dass man die Leiche einem »Zeitgeschichtler« überlassen darf. Der Tote ist viel zu lange tot, als dass sein Mörder noch lebendig herumlaufen könnte (falls der Tote denn umgebracht wurde). »Ermittlung gegen Unbekannt« ist deshalb überflüssig.
Und so erhält noch am selben Abend der Archäologieprofessor Konrad Spindler einen Anruf aus der Gerichtsmedizin.

Mann aus dem Eis, Eismann, Mann vom Similaun ...

Wie soll die Mumie heißen? Bei diesen Namen wird doch keinem so richtig warm ums Herz. Etwas »Niedliches« muss her! Eine Wiener Zeitung startet deshalb einen Aufruf und viele Leserinnen und Leser melden sich zu Wort:

Alpen-Adam-
Klar, Adam wie der
erste Mensch!

Schnalski-geschnallt?
Schnalstal-Schnalski!

Ur-Tiroler *
der lustigste Tiroler,
denn die Tiroler
sind lustig…

Urs
- wie mein
verstorbener
Ehemann

Frozen Fritz
- cooler geht es nicht

Dann doch lieber
Ötzi, der Ötztal-Jeti!

DER ÖTZI

was?

Mumie eines Mannes

Gewicht

13 Kilogramm

Länge

1,53 Meter

Zustand

fast vollständig erhalten

wo gefunden?

Tisenjoch, Ötztaler Alpen, in einer Höhe von etwa 3200 Metern

wo genau?

92 Meter von der österreichischen Grenze entfernt auf italienischem Boden

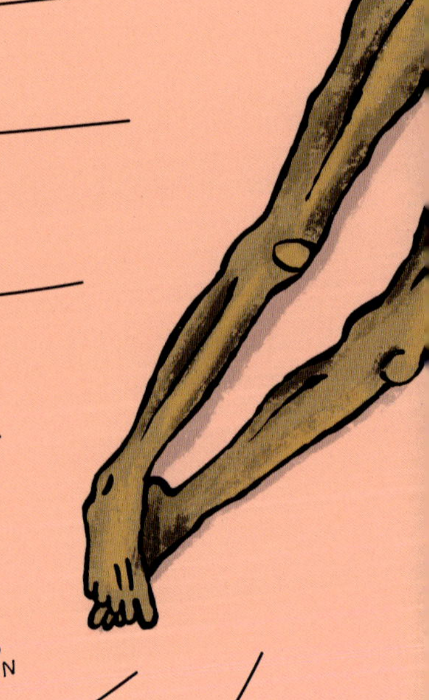

wann gefunden?

19. September 1991

Kleidung

Leggings aus Ziegenfell, gefütterte Lederschuhe, Mütze aus Bärenfell, Schuhe aus Fell mit Stroh darin

was dabei?

Bogen, Beil, Dolch, Messer, Köcher mit Pfeilen, Rückentrage, Gluteimer* aus Birkenrinde

Haarfarbe

braun

Augenfarbe

braun

wie alt?

zum Zeitpunkt seines Todes etwa 45 Jahre

lebte wann?

Jungsteinzeit*/Kupfersteinzeit* (etwa 3200 v. Chr.)

lebte wo?

südlich der Alpen

Krankheiten

Karies, Gallensteine, Zeckenbiss, Arterienverkalkung

Verletzungen

Pfeil im Rücken, Schädelverletzung, ausgerenkte Schulter, Schnittwunde Hand

letzter Snack

Steinbock- und Rothirschfleisch, Getreide

das Besondere

älteste natürliche menschliche Mumie, älteste Tätowierungen*, am besten erforschte Mumie der Welt

und heute?

seit 1998 in Bozen (Südtirol/Italien) im Südtiroler Archäologiemuseum, in Kühlkammer bei -6 Grad Celsius und 100% Luftfeuchtigkeit

Der Archäologe

KONRAD

Da liegt Ötzi nun. Endlich ist er in guten Händen. Jetzt wird nicht mehr an ihm gezerrt oder gezogen. Niemand quetscht ihn mehr in einen Sack oder Sarg … Jetzt wird er so behandelt, wie sich das für einen alten Herrn gehört: mit Respekt und Vorsicht. (Ja, Ötzi ist männlich, kein Zweifel, seitdem sein Penis dann doch noch entdeckt wurde.)
Die Verantwortung für die Mumie (und alles andere) hat jetzt Konrad Spindler, er ist Professor für Ur- und Frühgeschichte* in Innsbruck. Vor ihm liegen auch Ötzis Beil, der Bogen, Pfeile mit Spitzen aus Feuerstein, ein Dolch, die Rückentrage, Eimer aus Birkenrinde, darin Reste von Holzkohle, eine Gürteltasche mit Werkzeugen und die Reste seiner Kleidung.

Der Wissenschaftler muss nur einen Blick auf das Beil werfen, schon ahnt er dessen Alter: Jahrtausende! Kann das nicht jedes Kind erkennen, dass das etwas Besonderes ist? Ein Werkzeug in Knieholmschäftung*?

Und dann erst Ötzi selbst – eine Sensation! Nie zuvor wurde in dieser Gegend eine Mumie gefunden. Eine Mumie, keine einfache Leiche. Der Körper des Mannes muss sofort nach seinem Tod stark abgekühlt sein. Deshalb verweste er nicht. Und weil Gebirgsluft außerdem sehr trocken ist, wurde er gleichzeitig getrocknet, also gefriergetrocknet*. So lag er gut geschützt unter einer immer dicker werdenden Schneeschicht und wurde zur Mumie, während die Jahrtausende vergingen.

Jetzt ist vieles klar: Ötzi ist ein Fall für die Wissenschaft. Er muss untersucht werden. Er darf auf keinen Fall unter die Erde. Der Wissenschaftler betrachtet die Mumie voller Ehrfurcht. Unfassbar, dass dies die Überreste eines Mannes sind, der einmal gelebt hat! Dessen Herz geschlagen und dessen Augen gestrahlt haben. Der sprechen konnte und geatmet hat. Wer ihn wohl vermisste, als er nicht mehr zurückkehrte?

Der Archäologe kann deutlich erkennen, dass die Mumie ziemlich gelitten hat: Sie ist am Oberschenkel beschädigt. Hätte man ihm, Konrad, doch sofort Bescheid gegeben, ärgert er sich.
Er hätte am Fundort sicher vieles anders gemacht. Er hätte ihn wie einen Tatort behandelt. Stattdessen trampelten die Leute darauf herum, zertraten Fundstücke, fassten alles an. Eine Frau nahm sogar einen der Gluteimer mit nach Hause. Andere steckten Stücke der Fellkleidung ein und brachten sie erst Monate später zurück.
Er bemerkt Austrocknungserscheinungen, an der Mumie selbst, aber auch an Leder, Holz, Bast und Gras. Es muss schnell etwas geschehen. Welche Luftfeuchtigkeit mag die beste sein? Welche Temperatur? Schwer zu sagen – da Ötzi so einmalig ist, fehlen die Vergleiche.
Konrad hat die Aufgabe, Entscheidungen zu treffen. Genau das tut er.
Dass in den nächsten Jahren Wissenschaftlerinnen und Wissenschaftler aus der ganzen Welt der Mumie auf den Zahn fühlen, sie durchleuchten und bis ins allerkleinste Detail durchforschen werden? Um möglichst ALLES über sie herauszufinden? Das kann der Professor in diesem Moment nur erahnen.
Was er weiß: Ötzi ist ein

»Fenster zur Vergangenheit«.

Er ist Jahrtausende alt und vollständig erhalten. In ihm schlummern Informationen, die die Welt ganz sicher noch in sprachloses Staunen versetzen werden.

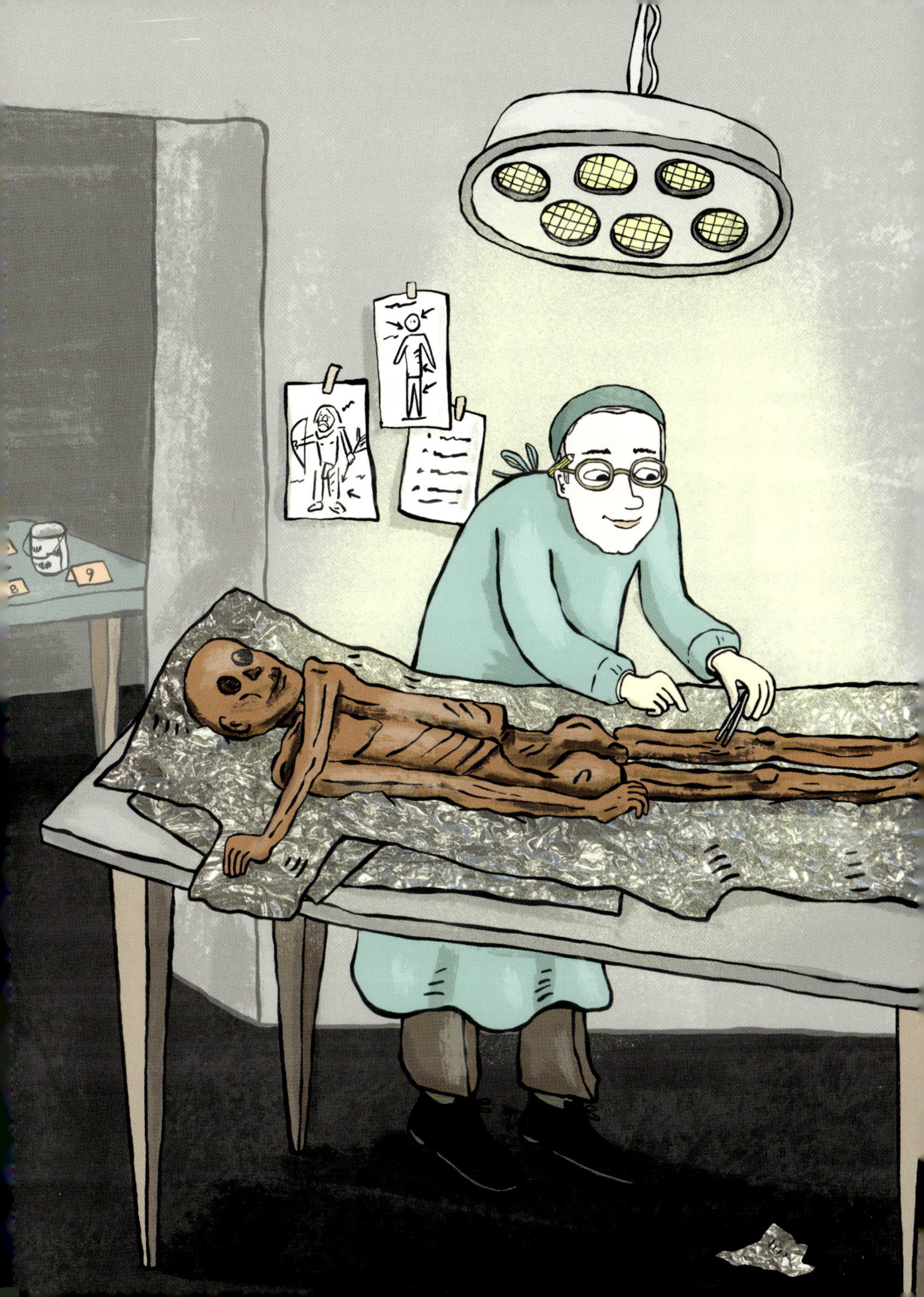

Die Fachleute

Hallo, ich bin's, der Ekrem. Als Glaziologe erforsche ich, nein, keine Glatzen, sondern Gletscher, das ewige Eis der Berge. Von wegen »ewig« …
Jedes Kind weiß: Das Klima* verändert sich. Hat es übrigens schon immer getan.

Neu ist: Seit mehr als 30 Jahren wird es immer wärmer, und daran sind einzig und allein die Menschen schuld. Also du und ich, und alle anderen auch.
Wenn es wärmer und trockener wird, ist das schlecht für die Gletscher. Logisch! Sie wachsen nicht mehr, weil kaum Schnee fällt. Stattdessen schmelzen sie wegen der Wärme. Man muss sich nur mal klar machen, dass in den Gletschern der Welt 70% des gesamten Süßwassers stecken. Schmelzen sie, werden sie zu Wasser, und das landet irgendwann im Meer.

Das bedeutet: Die Meere dehnen sich aus, der Wasserspiegel steigt. Wer jetzt denkt: »Cool, bald habe ich Meerblick, dabei wohne ich in München!«, checkt die Lage nicht!
Über 5000 Jahre lag Ötzi im Eis – und dann – zack – plötzlich tauchte er daraus auf. Mehr als 30 Jahre ist das jetzt her. »Hallo! Merkt ihr irgendwas?«, schien er sagen zu wollen. Damals hätte sofort jeder rufen müssen:

»Hilfe, wieso schmilzt das Eis?«

An das Jahr 1991 erinnere ich mich genau. Es war das Jahr der Eisleichen. Was das Wetter angeht, hatte alles ganz »normal« begonnen, das Frühjahr war sogar kälter gewesen als üblich. Die Schneedecke war dick und im Mai fiel nochmal Schnee. Super für die Gletscher! Aber dann: Der Juli wurde furchtbar heiß. Und es passierte etwas Dramatisches: Saharastaub* kam rübergeweht und legte sich als dunkle Schicht auf den Schnee. Die heizte alles weiter auf – ein gigantisches Eisschmelzen begann.

Allein im August tauchten vier Männer und eine Frau aus dem Eis auf. Alle tot. Sie waren einige Jahre oder Jahrzehnte vorher in Gletscherspalten gefallen und kamen jetzt wieder zum Vorschein. In der zweiten Septemberhälfte wurde es dann ganz schlimm mit dem Eis: Da schmolzen bis zu 10 Zentimeter, jeden Tag! Und dann guckte plötzlich Ötzi aus dem Gletscher. Aus 5000 Jahre altem Eis! Auch das muss man erstmal in seine Birne kriegen.

Fest steht: In den nächsten Jahren werden noch viel mehr Gletscher schmelzen. Was Ötzi uns dazu sagen will? Ich kann ihn deutlich hören: »Leute, passt aufs Klima auf. Sorgt dafür, dass sich die Erde nicht weiter erwärmt. 5000 Jahre alte Gletscher habt ihr schmelzen lassen. Was habt ihr sonst noch vor?«

Ich bin die Sina und ich bin Infektionsbiologin. An Ötzi interessiert mich so einiges. Allein sein cooler Look – Leggings aus Ziegenfell – Wahnsinn! Noch mehr fahre ich aber auf etwas anderes ab – haltet euch fest: auf seine Bakterien. Wir haben herausgefunden, dass es sich in Ötzis Magen ganz bestimmte Bakterien-Quälgeister bequem gemacht hatten. Gut möglich, dass er einen kranken Magen hatte oder sogar bald Krebs bekommen hätte, falls er länger gelebt hätte. Armer Kerl.

Aber jetzt kommt das Irre. Die Bakterien gibt's noch immer. Auch bei uns. Die meisten von uns müssen mit diesen blöden Bazillen leben. Und egal, in wessen Magen man auch schaut: Es gibt sie rund um den gesamten Globus. Überall sehen sie ein bisschen anders aus. Man kann sagen: Jede Gegend hat ihre eigenen Magenquälgeister. Ötzi hat uns auf die Idee gebracht, auch mal die Mägen anderer Mumien zu checken. Um dort nach genau diesen Bakterien zu suchen.
Die könnten uns zeigen, welche Bakterienfamilien zusammengehören. Finden wir dieselben Bakterien erst in einer Gegend A, später in einer Region B, dann wissen wir: Menschen sind von der Gegend A in die Region B gezogen. Wir können über die Bakterien herausfinden, wie die Menschen vor Tausenden von Jahren über die Erde wanderten. Von wo sie kamen. Wohin sie zogen. Wir müssen dafür nur den Weg der Bakterien nachverfolgen.
Apropos Mägen in Mumien – bei den ollen Ägyptern müssen wir gar nicht danach suchen. Denen fehlt er ja.
So ein Pech!

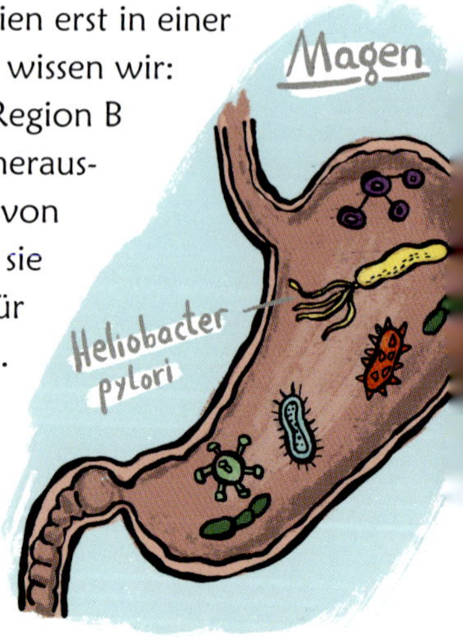

Hallo ihr, Franz mein Name. Ich bin Vermessungsingenieur. Auch ich hatte mit Ötzi zu tun.
Als der Gletschermann aus dem Eis auftauchte, wollten alle wissen: Kommt der denn nun aus Österreich oder aus Italien? Dazu mussten wir erst einmal herausfinden, wo die Grenze zwischen den beiden Staaten genau verläuft. Als die Linie vor mehr als 100 Jahren gezogen worden war, hatte da oben noch Schnee gelegen, 20 Meter hoch! Jetzt mussten wir Vermesser ran. Nur zwei Wochen nach Ötzis Entdeckung kraxelten wir durch die Berge.

Erst mussten wir die alten Grenzsteine finden. Alles nachmessen, vergleichen. Auf einer Karte notieren. Und dann kam das alles Entscheidende: der Fundort. Den mussten wir auch einmessen und verzeichnen. Tja, und da war dann glasklar: Ötzi ist Südtiroler! Er lag auf italienischer Seite! Keine 100 Meter übrigens von der Grenze zu Österreich entfernt. Ist das verrückt?
Damit stand fest: Ötzi kommt nach Italien. Aber eilig hatte es erstmal keiner. Als irgendwann Bozen als seine neue Heimat klar war, wurde alles für ihn vorbereitet: Kühlkammer, neueste Technik, Mumienforschungszentrum … Dort liegt Ötzi nun seit vielen Jahren im modernisierten Museum und fühlt sich pudelmumienwohl.

Die
Kupfersteinzeit

Grüß euch Gott, liebe Leute, mein Name ist Angelika, ich bin Ur- und Frühgeschichtlerin. Die Zeit, in der Ötzi lebte, nennen wir Wissenschaftlerinnen und Wissenschaftler Kupfersteinzeit. Damit meinen wir die Zeit von 5500 bis 2200 v. Chr. Damals fingen die Menschen an, Kupfer* zu verarbeiten. Das war das erste Metall, das sie überhaupt nutzten, zum Beispiel für Waffen, Schmuck und Werkzeuge. Nur, dass das klar ist: Kein Mensch hat jemals von sich gesagt: »Hallo, ich lebe in der Kupfersteinzeit.« Das ist ein Wort, das sich später jemand ausgedacht hat. Die Menschen fingen in dieser Zeit aber nicht nur an, ein neues Material herzustellen. Komischerweise veränderte sich auch sonst so einiges: Die Menschen wurden sesshaft. Fingen an, nicht mehr als herumziehende Nomaden* zu leben, sondern als Bauern. In Häusern, in Dörfern, in Gemeinschaften. Und was tun Bauern? Genau, sie betreiben Ackerbau und Viehzucht. Jetzt wurden zum ersten Mal Tiere gehalten und gezüchtet – so konnten sich Menschen mit Milch und Fleisch versorgen.

Was an all dem besonders sein soll? Ganz einfach: Es war neu. Es war revolutionär. Dach über dem Kopf. Nicht mehr ständig jagen müssen. Leben in einer Gemeinschaft. Neues Material, neuartige Werkzeuge. Andere Ernährung. Gefährlichere Waffen. Cooler Schmuck, hihi.
Kupfer wurde zu einem begehrten Material. Und weil Kupfer nicht überall im Boden vorkam, aber alle Kupfer haben wollten, wurde mit Kupfer gehandelt. Es entstanden Handelswege.

Naja, richtig aufregend wurde diese Zeit für uns vor allem durch Ötzi. Mit ihm kam Leben in die Bude der Kupfersteinzeit. Mit ihm haben wir endlich einen Kupfersteinzeit-Menschen vor uns. Ja, ich weiß, er ist mausetot. Aber trotzdem haben ihm Wissenschaftlerinnen und Wissenschaftler schon viele interessante, lebendige Informationen entlockt. Unser Bild von der Kupfersteinzeit wurde durch ihn bunter als je zuvor.

Survival Kit der besonderen Art.

Würde Ötzi heute in der Gegend rumlaufen, in seinen Leder-Leggings und mit Bärenfellmütze, würde er kaum auffallen. Naja, sein Regencape aus Stroh wäre wahrscheinlich ein Hingucker. Und auch sein »Feuerzeug«, das Birkenrindeneimerchen mit glühender Kohle, verpackt in frischen Blättern. Ganz bestimmt lebte er in einem Dorf. Und ganz sicher wurde er ermordet. Ob das zusammenpasst? Gut möglich: Ich kann mir vorstellen, dass es in seiner Siedlung Stress gab.

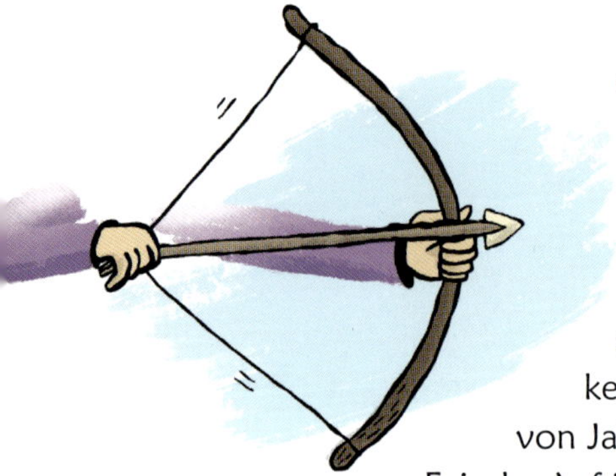

Vielleicht mit den Nachbarn. Das Zusammenleben so eng beieinander war sicher auch damals schon nicht immer leicht. Erst recht nicht, wenn man das nicht gewöhnt war. Das Jagen lag Ötzi sicher noch im Blut. Man muss bedenken, dass die Vorfahren das Zigtausende von Jahren getan hatten. Vielleicht hatte er Feinde. Auf jeden Fall wurde er durch einen gezielt abgefeuerten Pfeil getötet. Verblutete in kurzer Zeit. Der Mörder haute ihm danach sogar noch auf den Kopf. Wollte wohl sichergehen.

Heute wissen wir: Kurz vor seinem Tod lief Ötzi noch bergauf, bergab in der Gegend herum. Das konnten wir anhand seines Mageninhalts rekonstruieren. Er wurde mit einem Messer attackiert. Die Wunden haben wir entdeckt. Zwischendurch aß er noch etwas. Sicher in seinem Dorf. Vielleicht zusammen mit seiner Familie. Danach floh er dorthin, wo er sich auskannte, ins Gebirge. Er hatte alles dabei, was er zum Überleben brauchte, Waffen, Essen …

Außerdem ein Beil mit einer Kupferklinge. Kostbares Hightech, zumindest für damalige Verhältnisse. Was uns erstaunte: Das Beil zeigte uns, dass man Kupfer hier in der Gegend schon 500 Jahre früher kannte als gedacht. Gut möglich, dass Ötzi ein besonderer Mann war. Erstaunlich, dass sein Mörder das Beil nicht hat mitgehen lassen. Vielleicht aus Angst, als Täter erkannt zu werden?

Ötzi vertrug übrigens keine Kuhmilch, er war laktoseintolerant*. Naja, kein Wunder. Jahrtausende hatten seine Vorfahren keine Milch verdauen müssen. Und in seinem Darm fehlte auch noch der entscheidende Baustein, der Milch erst verträglich macht. So ging es bestimmt vielen anderen Menschen damals auch.

Er lebte gesund: viel Bewegung, super Gewicht (50 Kilogramm bei 1,60 Meter), kein Gramm Fett zu viel auf den Rippen. Trotzdem hatte er eine Veranlagung für Herz-Kreislauferkrankungen. Dass nicht erst Kartoffelchips und Co. dafür verantwortlich sind? Das hat uns sehr erstaunt. Es sieht so aus, als hätten ihn Schmerzen in den Gelenken gequält. Er hat nämlich Tätowierungen in Form von Strichen und Kreuzen auf der Haut, zum Beispiel am Fuß, am unteren Rücken und unterhalb der rechten Kniekehle. Gut möglich, dass er auf dem Weg zur Physiotherapie war. Nein, Spaß, aber möglich, dass die Zeichen gegen Schmerzen halfen. Das ist heute wieder ganz aktuell: in der Neuen Homöopathie! Auch sein Magen hat ihn sicher oft gezwickt. Wegen der Bakterien darin. In seiner Gürteltasche steckten zwei Birkenporlinge. Das sind Pilze, die gegen Entzündungen wirken. Denkbar, dass er die kaute, wenn die Schmerzen besonders schlimm wurden.
Und sogar Zeckenbisse waren schon eine Gefahr.
Auch das hat uns Ötzi gelehrt.

Jedes Jahr melden sich Wissenschaftlerinnen und Wissenschaftler aus der ganzen Welt im Museum in Bozen: Sie wollen Ötzi erforschen. Dabei ist er doch schon die am besten erforschte Mumie der Welt! Dass er uns noch viel mehr »erzählen« wird? Das steht fest. Und jedes Jahr werden wir Neues erfahren – über ihn und die Zeit, in der er lebte.

Helmut Simon hat sich noch oft über das Foto gefreut, das er von Ötzi gemacht hat. Es ging als erstes Foto des Eismanns um die Welt und wurde zum »Schnappschuss des Jahres 1991« gekürt. Leider konnte Helmut den Finderlohn* für seinen Fund nicht mehr genießen: Er verunglückte einige Jahre später bei einem Bergunfall. Ob der »Fluch des Ötzi« dabei seine Finger im Spiel hatte, wie manch einer glaubte? Ganz sicher nicht!

Erika Simon freute sich über den Finderlohn von rund 175.000 Euro, den ein Anwalt hart erkämpfen musste. Irre ist das: Hätte Ötzi auf österreichischer statt auf italienischer Seite gelegen, hätte ihr die Hälfte des Wertes des Fundes zugestanden, womöglich Millionen!

Markus Pirpamer ist noch immer Hüttenwirt der Similaunhütte. Wer ihn trifft, sollte ihn unbedingt zu Ötzi ausquetschen. Sitzt man in seiner gemütlichen Hütte, während Feuer im Kamin knistert und köstliches Essen auf dem Tisch steht, erzählt er auch zum Hundertsten Mal vom Mann aus dem Eis.

Und was ist aus all den LEUTEN geworden?

Als **Konrad Spindler** mehrere Jahre nach Ötzis Entdeckung starb, hieß es auch: »Uh, Fluch des Ötzi«! Sein Verdienst, neben vielen anderen: Er schätzte das Alter des Toten auf den ersten Blick ziemlich genau ein. Damit waren Ötzis Weichen als Denkmal gestellt. Konrad kümmerte sich mehrere Jahre um die Mumie, bevor sie endgültig nach Bozen kam.

Dass Ötzi eigentlich eine Mumie aus dem Alten Ägypten sei, die **Reinhold Messner** mitgehen ließ und im Eis versteckte? Das ist eine erfundene Geschichte, die ein Journalist in Umlauf brachte. Darüber ärgert sich der weltberühmte Bergsteiger schon längst nicht mehr. Er freut sich lieber darüber, dass sich Ötzi wohlbehalten in seiner Heimat Südtirol befindet.

Rainer Henn, der Gerichtsmediziner, kam ein Jahr nach Ötzis Entdeckung bei einem Verkehrsunfall ums Leben. »Ötzis erstes Opfer«, munkelten manche. Rainer bleibt unvergessen als der, der die Mumie (ziemlich brutal) aus dem Eis holte. Der Film des Fernsehteams ist bis heute auf Youtube zu sehen.

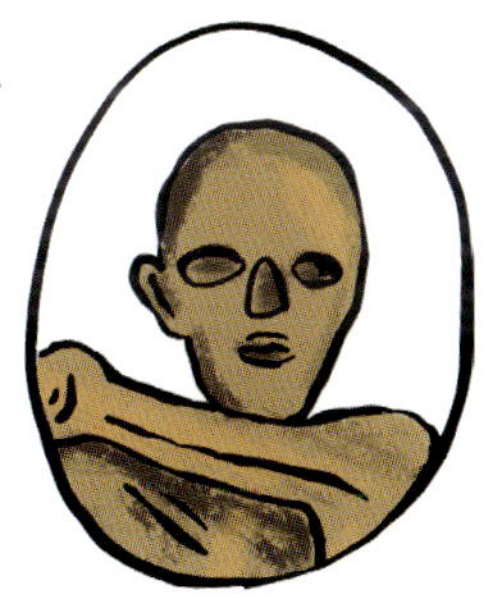

Ötzi ist die am besten erforschte Mumie der Welt. Was Ötzi wohl gesagt hätte, hätte ihm jemand zu Lebzeiten prophezeit, dass er 5000 Jahre nach seinem Tod in einem Museum landen würde? Vielleicht: »Hä, Museum?«. Dass er während des Floss-Tanzens zur Mumie wurde, stimmt übrigens genauso wenig wie die Behauptung, er sei beim Stoßlüften im Klassenzimmer erfroren.

DAS SCHATZSUCHER-

Kelle

Bleistift

Meißel

Hammer

Kelle

Spaten

Absperrband

Eimer

Maßstab

Lineal

HANDBUCH

Schaufel

grober Pinsel

Hacke

Lupe

Spatel

Zahnbürste

feiner Pinsel

Kamera

Kompass

Archäologen/Archäologinnen suchen im Boden, unter Wasser (fast nie im Eis) nach Relikten der Vergangenheit.

Bergrettungsdienst Österreichische Hilfsorganisation, die Menschen (oft Touristen) aus unwegsamem Gelände in den Bergen rettet. Andere Länder haben ähnliche Organisationen.

Bergung Befreiung aus einer Gefahr oder ungünstigen Situation. Geborgen werden leblose Wesen, bei Lebenden spricht man von »Rettung«.

Birke Laubbaum mit etwa 100 verschiedenen Arten in Europa. Man erkennt sie an ihrer weißen Rinde, siehe *Birkenrinde.*

Birkenrinde Rinde der *Birke*, besitzt besondere Eigenschaften, die teils bereits seit 400.000 Jahren (Altsteinzeit) bekannt sind. Sie wird genutzt als Bau-, Brenn- und Verbandsmaterial. In Birkenrinde-Bechern transportierte Ötzi Glut und Lebensmittel.

Carabiniere Bezeichnung für Polizist (Italien)

Dokumentieren Festhalten von Informationen in Form von Texten, Zeichnungen, Fotos; eine wichtige Aufgabe in der Archäologie, um Informationen nutzbar zu machen.

Eispickel Beim Bergsteigen ein unerlässliches Hilfsmittel zum Erkunden des Schnees auf Gletscherspalten.

Feuerstein Wegen seiner Härte in der Steinzeit ein wichtiges Material, um Messer und Waffen herzustellen.

Finderlohn Belohnung, die jemandem zusteht, wenn etwas Verlorenes dem oder der Eigentümerin zurückgegeben wird.

Fundort Der Ort, an dem ein Fund gemacht wurde. Auch er muss erkundet und *dokumentiert* werden, denn nur so sind spezielle und wichtige Aussagen über den Fund möglich.

Gefriertrocknung ist ein Verfahren zur Haltbarmachung, insbesondere frischer Lebensmittel, indem sie tiefgefroren werden, während ihnen gleichzeitig Flüssigkeit entzogen wird.

Gendarm Bezeichnung für Polizist (Österreich)

Gerichtsmediziner beurteilen, auf welche Weise der Tod von jemandem eingetreten ist. Sie helfen damit der Polizei.

Gletscher sind aus Schnee entstandene Eismassen. Sie sind (nach den Ozeanen) die größten Wasserspeicher der Erde.

Gletscherleichen sind tödlich verunglückte Personen, meist durch Sturz in Gletscherspalten ums Leben gekommen.

Gluteimer wurden aus *Birkenrinde* gefertigt. Ötzi verwendete sie zum Transport glühender Kohlestücke, die er in Blätter gehüllt hatte.

Innsbruck Hauptstadt des Bundeslands *Tirol* (Österreich)

Jungsteinzeit (oder auch Neolithikum, 10.000–2200 v. Chr.) ist eine Epoche der Menschheitsgeschichte, die sich vor allem dadurch auszeichnet, dass die Menschen in dieser Zeit sesshaft wurden.

Klima Wetter – über einen langen Zeitraum betrachtet

Knieholmschäftung bezeichnet die Art, in der Ötzis Beil gemacht ist, nämlich aus einem einzigen Ast in Form eines Knies. »Holm« ist das lange, »Schaft« das kurze Ende.

Konservierung haltbar machen

Kupfer ist ein Schwermetall, das durch die Verarbeitung von im Boden vorkommendem Kupfererz gewonnen wird.

Kupfersteinzeit, 5500–2200 v. Chr., ist ein Abschnitt innerhalb der Steinzeit, in der die Menschen verstärkt *Kupfer* verarbeiteten.

Laktoseintoleranz Unverträglichkeit von Milchzucker

Landgericht Das Gericht, das zuständig ist für Straf- und Rechtsangelegenheiten, wenn ein Verbrechen vorliegt.

Luftschutzkeller Ein zum Schutz vor Luftangriffen besonders eingerichteter Gebäudeteil, der meist aus dem Zweiten Weltkrieg stammt.

Mumien Überreste eines menschlichen oder tierischen Körpers, die nach dem Tod erhalten geblieben und vor Verwesung geschützt sind. Sie können natürlich oder künstlich entstehen.

Nomaden Menschen, die ein nicht-sesshaftes Leben führen. Bis heute gibt es viele Völker, die als Nomaden leben.

Penis oder auch Pipimatz, Pullermann …
das männliche Geschlechtsteil

Pressluft ist komprimierte Luft, erzeugt durch einen Kompressor, der die Luft zusammendrückt. Beim anschließenden Ausdehnen wird Energie frei.

Ruhe, siehe *Totenruhe*

Saharastaub ist der trockene Staub der nordafrikanischen Wüste Sahara, der gelegentlich große Entfernungen zurücklegt und sich in entfernten Regionen der Welt niederlässt.

Staatsanwälte und Staatsanwältinnen führen in einem Strafprozess das Ermittlungsverfahren. Sie arbeiten eng mit der Kriminalpolizei zusammen.

Staatseigentum gehört, im Gegensatz zum Privateigentum, dem Staat. Kulturgüter von besonderer Bedeutung sind meist in Landes- oder Staatsbesitz.

Strafrechtlich verfolgt wird jemand, der eine Straftat begangen hat.

Südtirol, auch Autonome Provinz Bozen, die seit 1972 Selbstverwaltungsrechte besitzt. Das bedeutet, dass die Provinz in bestimmten Bereichen vom restlichen Italien unabhängig ist.

Tätowierungen sind Muster, Bilder, Zeichen, die mithilfe von Farbpigmenten in die Haut eingebracht werden. Ötzis Tätowierungen gehören zu den ältesten der Welt.

Tirol Bundesland im Westen Österreichs mit Hauptstadt *Innsbruck*. Nach dem Ersten Weltkrieg wurde Tirol geteilt und der Grenzverlauf neu festgelegt.

Totenruhe Aus Achtung vor einem Verstorbenen darf die Leiche eines Menschen weder beschädigt, zerstört noch gestohlen werden.

Totenschein ist die Urkunde, die nach gründlicher Untersuchung eines Toten dessen Tod bestätigt.

Ur- und Frühgeschichte ist der Zweig der Archäologie, der untersucht, wie sich das kulturelle Leben der Menschen entwickelt hat, und zwar von Anfang an. Wie haben sie gelebt, sich organisiert ... Das herauszubekommen, ist nicht immer leicht, denn aus diesen Zeiten gibt es meist keine schriftlichen Quellen, weder Inschriften noch Berichte.

Erforscht werden vor allem Dinge, die die Menschen hinterlassen haben (Knochen, Holz, Häuser, Geschirr ...).

Spannend wie ein Krimi: Die Sachbuchreihe »Dusty Diggers« über die wichtigsten archäologischen Funde in Deutschland und der Welt

Wir erzählen mit dieser Reihe Geschichten von der Vorzeit bis zur Neuzeit:

Band 1: **Auf der Jagd nach der krassesten Pizza der Bronzezeit**
Die Geheimnisse der Himmelsscheibe von Nebra
ISBN 978-3-86502-446-6

Band 2: **Gekrächze aus der Urzeit**
Das Geheimnis des Urvogels Archaeopteryx
ISBN 978-3-86502-460-2

Band 3: **Wilde Wikinger in Sicht**
Das Geheimnis von Haithabu
ISBN 978-3-86502-466-4

Band 4: **Die mausetoteste Mumie aus dem Alten Ägypten**
Das Geheimnis von Tutanchamun
ISBN 978-3-86502-486-2

Band 5: **Der cool tätowierte Jäger aus der Steinzeit**
Das Geheimnis von Ötzi
ISBN 978-3-86502-476-3

Band 6: **Die angesagteste Imbissbude der Römerzeit**
Das Geheimnis von Pompeji
ISBN 978-3-86502-485-5

Coole Schatzkarten zu den einzelnen Bänden für tolle Kinderpartys finden Sie auf:
www.seemann-henschel.de
www.facebook.com/seemanns.bilderbande
www.instagram.com/seemann_henschel_verlagsgruppe

Projektmanagement: Caroline Keller
Layout und Satz: Barbara Hinz, Leipzig, www.bureaubara.de
Druck und Bindung: BALTO print

Bibliografische Information der Deutschen Nationalbibliothek
Die Deutsche Nationalbibliothek verzeichnet diese Publikation in der Deutschen Nationalbibliografie; detaillierte bibliografische Daten sind im Internet über http://dnb.dnb.de abrufbar.

ISBN 978-3-86502-476-3

Tisenjoch